BEI GRIN MACHT SICH IHR WISSEN BEZAHLT

AF145163

- Wir veröffentlichen Ihre Hausarbeit,
  Bachelor- und Masterarbeit

- Ihr eigenes eBook und Buch -
  weltweit in allen wichtigen Shops

- Verdienen Sie an jedem Verkauf

Jetzt bei www.GRIN.com hochladen und kostenlos publizieren

Bibliografische Information der Deutschen Nationalbibliothek:

Die Deutsche Bibliothek verzeichnet diese Publikation in der Deutschen National-bibliografie; detaillierte bibliografische Daten sind im Internet über http://dnb.d-nb.de/ abrufbar.

Impressum:

Copyright © 2017 GRIN Verlag
Druck und Bindung: Books on Demand GmbH, Norderstedt Germany
ISBN: 9783668634701

Dieses Buch bei GRIN:

https://www.grin.com/document/412235

Ugur Ataman

Einsatz von Predictive Maintenance im Incident Management der IT-Betriebsführung

GRIN Verlag

GRIN - Your knowledge has value

Der GRIN Verlag publiziert seit 1998 wissenschaftliche Arbeiten von Studenten, Hochschullehrern und anderen Akademikern als eBook und gedrucktes Buch. Die Verlagswebsite www.grin.com ist die ideale Plattform zur Veröffentlichung von Hausarbeiten, Abschlussarbeiten, wissenschaftlichen Aufsätzen, Dissertationen und Fachbüchern.

Besuchen Sie uns im Internet:

http://www.grin.com/

http://www.facebook.com/grincom

http://www.twitter.com/grin_com

FOM Hochschule für Oekonomie & Management in Essen

Standort München

Berufsbegleitender Studiengang zum

Master of Science (IT Management)

4. Semester

Hausarbeit in IT-Projektmanagement & Software-Engineering (M)

Einsatz von Predictive Maintenance im Incident Management der IT-Betriebsführung

Autor: Ugur Ataman

Eingereicht am: 31. Dezember 2017

Inhaltsverzeichnis

Abbildungsverzeichnis

Tabellenverzeichnis

Abkürzungsverzeichnis

AMD	Advanced Micro Devices
CSI	Continual Service Improvement
HP	Hewlett-Packard
ID	Identifikation
IM	Incident Management
IP	Internetprotokoll
IT	Informationstechnologie
ITIL	IT Infrastructure Library
ITSM	IT Service Management
PdM	Predictive Maintenance
PoS	Point of Sales
TB	Terrabyte
US	United States
USV	Unterbrechungsfreie Stromversorgung

1. Einleitung

1.1 Motivation und Wahl der Thematik

In den neunziger Jahren des letzten Jahrtausends gehörten Ausfälle in der Informationstechnologie (IT) zum Alltag und waren nichts Ungewöhnliches. Für das Bestehen im Wettbewerb und Erfolg der Unternehmen ist es heute wichtig einen sorgfältig geplanten, soliden und ausfallsicheren IT-Betrieb zu führen (vgl. Computerwoche, 2015). Die hohe IT-Verfügbarkeit gehört heute zu einem Muss (vgl. PCWelt, 2014).

Besonders die Wettbewerbsfaktoren Qualität, Zeit und Kosten führen dazu, dass Unternehmen die Effizienz und Effektivität ihrer IT-Systeme und Komponenten im Bereich der Instandhaltung verbessern und auf die Anforderungen des Business ausrichten (vgl. Instandhaltung, 2017). Für die Effizienz und Produktivität muss der IT-Betrieb regelmäßig große Veränderungen vornehmen (vgl. Steinbeck, 2008, S. 82). Unternehmen haben in den letzten Jahren ihre IT-Ausgaben für den Betrieb und die Instandhaltung erhöht. 44,4 Prozent der in einer Umfrage befragten Unternehmen gaben letztes Jahr an, ihr IT-Budget zu steigern. Im aktuellen Jahr 2017 belaufen sich die IT-Ausgaben für den Betrieb, die Wartung und die Pflege auf durchschnittlich 47,3 Prozent (vgl. Capgemini, 2016).

Für die Steigerung der Effizienz und Transparenz sowie die strikte Planung, Steuerung und Kontrolle des IT-Betriebs hat sich in den letzten Jahrzehnten in vielen Unternehmen und Organisationen das Framework IT Infrastructure Library (ITIL) etabliert (vgl. Disterer, 2011, S. 49). Das ITIL-Framework umfasst eine zentrale Anlaufstelle für Störungen und Anfragen. Dies beinhaltet das Incident Management (IM), welches vor allem für die Instandhaltung der IT-Systeme und Komponenten wesentlich ist (vgl. Koch, 2007, S. 246). Das IM dokumentiert eingehende Störungen, sogenannte Incidents, und hat die Aufgabe, diese möglichst schnell zu bearbeiten und die Services umgehend wiederherzustellen (vgl. Schmietendorf, 2007, S. 78, vgl. Pröhl et al., 2012, S. 12).

Viele Unternehmen sind jedoch mit vielen Incidents konfrontiert, welche die Wirtschaftlichkeit negativ beeinflussen und hohe Kosten verursachen. (vgl. Infopoint-Security, 2017)

Mit der zunehmenden Relevanz der Digitalisierung und Instandhaltung hat sich Predictive Mainentance, kurz PdM, als eine beliebte und moderne Instandhaltungsstrategie durchgesetzt. Im Zuge aktueller Digitalisierungs- und Vernetzungsmöglichkeiten können Unternehmen das zukünftige Verhalten ihrer IT-Systeme und Komponenten vorhersagen. Das PdM soll ermöglichen, Störungen und Ausfälle im Voraus zu erkennen, bevor sie tatsächlich auftreten. Somit bietet PdM ein hohes Einsparpotenzial für Unternehmen (vgl. Wang et al., 2015, S. 97-98). Das amerikanische Schienenverkehrsunternehmen Union Pacific Railroad spart dank PdM bereits jährlich rund 100 Millionen Dollar ein (vgl. Hannovermesse, 2017).

Die vorliegende Arbeit soll in erster Linie die Herausforderungen in der IT-Betriebsführung erläutern. Die Arbeit fokussiert sich auf den Einsatz von PdM im Incident Management (IM) der IT-Betriebsführung. Mit welchen Incidents ist der IT-Betrieb am häufigsten betroffen und welche Möglichkeiten existieren, um mit PdM die Anzahl der Störungen und Ausfälle im IM zu reduzieren?

1.2 Methodik

Die wissenschaftliche Arbeit basiert auf der Durchführung einer systematischen Literaturrecherche. Dabei wird eine rückwärts und vorwärts gerichtete Suche angewendet (vgl. Kornmeier, 2013, S. 82 ff.), wobei für den Überblick der Themenfelder die Begriffe „IT-Betrieb", „ITIL", „Incident Management", „Instandhaltung" und „Predictive Maintenance" verwendet werden. Die Literatursuche erfolgt in den folgenden Bibliotheken Springer Link, ScienceDirect und Google Scholar.

Bei der Ausarbeitung der Thematik werden die gängigen Regeln der Forschungsmethode Review für die Recherche und Auswertung der Literatur angewendet. Die Basis für die Methodik bilden die folgenden zwei Artikel: „The Handbook of Research Synthesis and Meta-Analysis von Harris Cooper und Larry V. Hedges", und der Artikel „State-of-the-Art des State-of-the-Art, eine Untersuchung der Forschungsmethode „Review" innerhalb der Wirtschaftsinformatik von Peter Fettke" (vgl. Cooper et al., 1994, S. 11 ff.; vgl. Fettke, 2006, S. 260). Mit der Anlehnung an die beiden Forschungsmethoden erfolgt die Ausarbeitung der wissenschaftlichen Arbeit nach den Phasen Problemformulierung, Literaturrecherche, Literaturauswertung, Analyse und Interpretation sowie Präsentation der Ergebnisse.

1.3 Aufbau und Struktur

Die Arbeit ist insgesamt in fünf Kapitel gegliedert. Das erste Kapitel stellt die Einleitung und Einführung in die Thematik dar, wobei auf die Motivation und Wahl der Thematik sowie die Vorgehensweise und Methodik eingegangen wird.

Das zweite Kapitel umfasst die theoretischen Grundlagen der wesentlichen Begriffe „ITIL", „Incident Management", „Instandhaltung" und „Predictive Maintenance" die eine Basis für den weiteren Verlauf der wissenschaftlichen Arbeit bilden.

Im dritten Kapitel werden die Verantwortlichkeiten und Herausforderungen in der IT-Betriebsführung behandelt.

Im vierten Kapitel erfolgt die Vorstellung der Gründe für Incidents sowie die Möglichkeiten und Chancen von PdM für das Incident Management in der IT-Betriebsführung.

Das fünfte und letzte Kapitel behandelt den inhaltlichen Abschluss der Arbeit. Dieser beinhaltet ein Fazit, in dem eine Zusammenfassung der wesentlichen Ergebnisse sowie ein Ausblick in die Zukunft wiedergegeben werden.

2. Grundlagen

2.1 IT Infrastructure Library (ITIL)

IT Infrastructure Library (ITIL) ist eine herstellerunabhängige Sammlung von bewährten Best-Practices für das IT Service Management (ITSM) und zählt mittlerweile zu einem internationalen De-facto-Standard (vgl. Disterer, 2009, S. 531-532). Die bewährten Best-Practices haben sich aus vielen Projekten der IT-Branche gebildet (vgl. Hochstein et al., 2004, S. 382 ff.).

Die Definition für die aktuelle Version von ITIL (Version 3) lautet wie folgt: „A set of Best Practice guidance for IT Service Management. ITIL is owned by the OGC and consists of a series of publications giving guidance on the provision of Quality IT Services, and on the Processes and facilities needed to support them". (Buchsein et al., 2007, S. 12)

ITIL verfolgt das Ziel, mit der prozessorientierten Organisationsgestaltung die IT kunden- und prozessorientiert auszurichten und einen reibungslosen IT-Betrieb zu gewährleisten (vgl. Disterer, 2011, S. 49). Zu den Best-Practices gehören Verfahren und Vorgehensweisen zur Einführung und zum Management von ITSM sowie dessen Integration in das Business. Darüber hinaus enthält ITIL eine ausführliche Dokumentation der wesentlichen Prozesse für die IT-Leistungserbringung sowie Checklisten für die Aufgaben und Verantwortlichkeiten. (vgl. Disterer, 2009, S. 532)

Die aktuellste Version 3 von ITIL setzt den Fokus auf die Anforderungen des Business und die kontinuierliche Prozessoptimierung (vgl. BSI, 2005, S. 6) und umfasst folgende fünf Publikationen eines Service-Lebenszyklus-Modells (Service Lifecycle):

- Service Strategy (Servicestrategie)

- Service Design (Serviceentwicklung)

- Service Transition (Serviceinbetriebnahme)

- Service Operation (Servicebetrieb)

- Continual Service Improvement (CSI) (Kontinuierliche Serviceverbesserung)

   (vgl. Gross, 2008, S. 43)

Abb. 1: ITIL Service Lifecycle

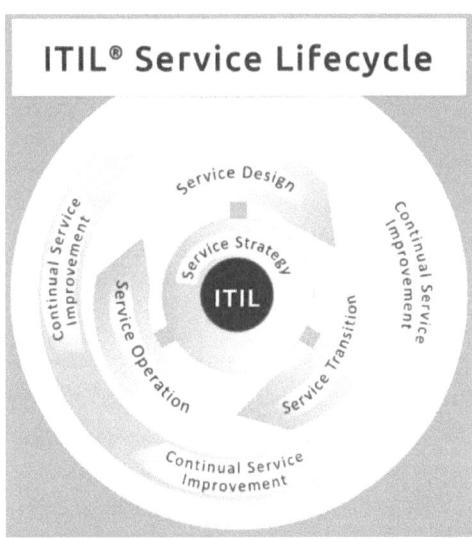

Quelle: IT-Processmaps, 2017

4

Die ITIL Version 3 unterteilt die Prozessgruppen in einzelne Prozesse, welche in der folgenden Abbildung 2 nach ihren Lebenszyklusphasen kategorisiert dargestellt sind.

Abb. 2: Prozesse in ITIL

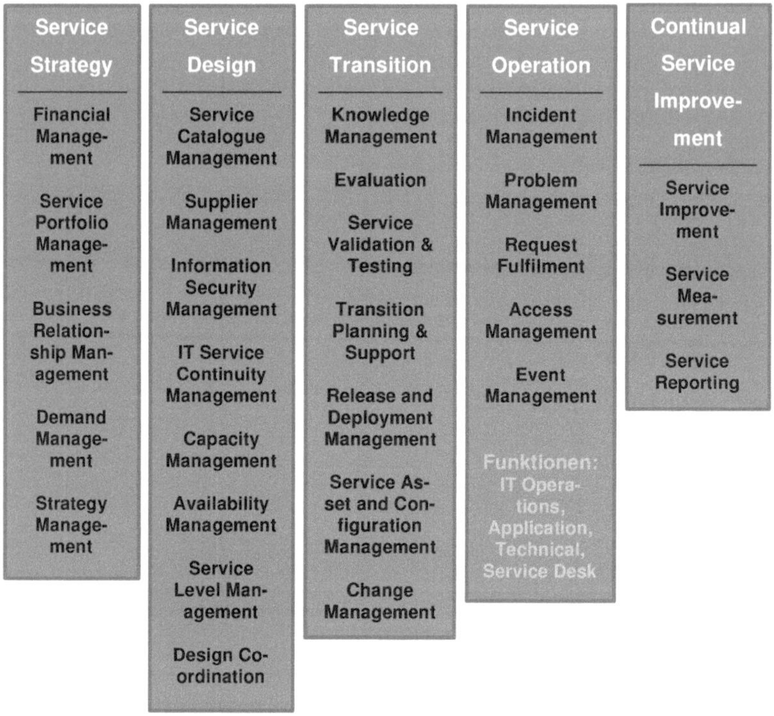

Service Strategy	Service Design	Service Transition	Service Operation	Continual Service Improvement
Financial Management	Service Catalogue Management	Knowledge Management	Incident Management	Service Improvement
Service Portfolio Management	Supplier Management	Evaluation	Problem Management	Service Measurement
Business Relationship Management	Information Security Management	Service Validation & Testing	Request Fulfilment	Service Reporting
Demand Management	IT Service Continuity Management	Transition Planning & Support	Access Management	
Strategy Management	Capacity Management	Release and Deployment Management	Event Management	
	Availability Management	Service Asset and Configuration Management	Funktionen: IT Operations, Application, Technical, Service Desk	
	Service Level Management	Change Management		
	Design Co-ordination			

Quelle: In Anlehnung an Pröhl et al., 2012, S. 9

2.2 Incident Management (IM)

ITIL umfasst das Service Desk, welches eine zentrale Anlaufstelle für die Unterstützung der Nutzer bei den angebotenen Services bildet. Beispielsweise wird der Nutzer bei der Analyse und Lösung von Störungen unterstützt (vgl. Stein et al., 2012, S. 34). Das Service Desk beinhaltet das Incident Management (IM). Hier werden eingehende Incidents dokumentiert, kategorisiert und klassifiziert. (vgl. Schmietendorf, 2007, S. 78)

Ein Incident stellt ein Ereignis dar, welches die Qualität der Services unterbrechen oder vermindern kann und gegen vereinbarte Serviceleistungen spricht. Zu einem Ereignis zählen Störungen, Fehler, Mängel oder auch sonstige Anfragen und Aufträge von Benutzern. (vgl. Koch, 2007, S. 246-247)

Das IM verfolgt das Ziel, eingehende Incidents möglichst schnell zu bearbeiten und die Services so bald wie möglich wiederherzustellen (vgl. Koch, 2007, S. 273). Die Services müssen gemäß den vertraglichen Vereinbarungen und ohne große Auswirkungen auf die geschäftlichen Anwendungen wiederhergestellt werden können (vgl. Koch, 2007, S. 262-263).

2.3 Maintenance

Die Instandhaltung (englisch: Maintenance) wird laut DIN 31051 wie folgt definiert: „Instandhaltung ist die Kombination aller technischen und administrativen Maßnahmen des Managements während des Lebenszyklus einer Betrachtungseinheit zur Erhaltung des funktionsfähigen Zustandes oder der Rückführung in diesen, so dass sie die geforderte Funktion erfüllen kann" (Strunz, 2012, S. 1).

In der Volkswirtschaft ist die Instandhaltung entscheidend für die Qualität, Produktivität, pünktliche Lieferung sowie für die Gewährleistung einer sicheren Arbeitsumgebung (vgl. Schmidt, Wang, 2016, S. 1).

Zu den Hauptzielen der Instandhaltung gehören die Erhöhung und optimale Nutzung der Lebensdauer von Anlagen und Maschinen, die Erkennung und Vermeidung von Störungen und die Steigerung der Produktivität (vgl. Strunz, 2012, S. 1-2). Die Ausfälle sollen analysiert und technische Unterbrechungen in der Produktion vermieden werden (vgl. Strunz, 2012, S. 7). Im Allgemeinen kann die folgende Zielsetzung festgehalten werden: „Kosten gering halten, Kostentreiber identifizieren und eliminieren" (Strunz, 2012, S. 7). Zu den weiteren Zielen gehören die Modernisierung der Betriebsmittel, Verbesserung der Betriebssicherheit und Betriebsprozesse sowie die Verbesserung der Planungssicherheit. (vgl. Strunz, 2012, S. 31)

Die Instandhaltung umfasst laut der DIN-Norm DIN 31051 die vier Grundmaßnahmen: Wartung, Inspektion, Instandsetzung und Verbesserung (vgl. Strunz, 2012, S. 3). In der folgenden Darstellung sind die einzelnen Grundmaßnahmen abgebildet:

Abb. 3: Gebiete der Instandhaltung

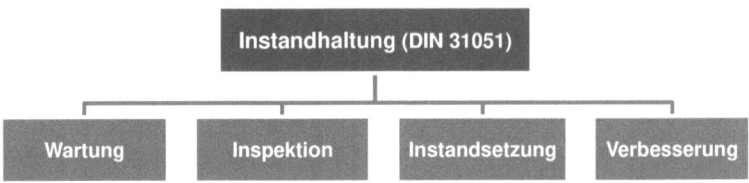

Quelle: In Anlehnung an Strunz, 2012, S. 3

Die Wartung behandelt Maßnahmen zur Verzögerung des Abbaus des Abnutzungsvorrats der Betrachtungseinheiten. Die Inspektion beinhaltet die Maßnahmen zur Festlegung und Bewertung des tatsächlichen Zustandes der Betrachtungseinheiten und die Bestimmung der Ursachen für die Abnutzung. Daraus sollen die erforderlichen Konsequenzen für die künftige Nutzung abgeleitet werden. Die Instandsetzung beschäftigt sich mit den Maßnahmen zur Wiederherstellung des funktionsfähigen Zustands wie beispielsweise nach einem Ausfall. Verbesserungen werden hierbei nicht mit einbezogen. Das letzte Gebiet der Instandhaltung ist die Verbesserung und hat die Aufgabe mit seinen Maßnahmen die Funktionssicherheit einer Betrachtungseinheit zu erhöhen, ohne dass die geforderte Funktionalität beeinträchtigt wird. (vgl. Helbing et al., 2010, S. 984)

2.4 Predictive Maintenance (PdM)

Predictive Maintenance (PdM) ist bekannt als eine moderne Instandhaltungsstrategie und ermöglicht eine Verschmelzung zwischen der physischen und digitalen Ebene. Es gilt als eine vorausschauende zustandsorientierte Instandhaltung (vgl. Lasi et al., 2014, S. 240). Ebenso wie bei der präventiven Instandhaltung erfolgt die Durchführung vor dem Ausfall. Die präventive bzw. proaktive Instandhaltung ist ein vorbeugender Ansatz, welcher in festgelegten zeitlichen Abständen oder nach vorgeschriebenen Kriterien zur Reduzierung von Ausfallwahrscheinlichkeiten ausgeführt wird (vgl. Schmidt, Wang, 2016, S. 1). Dazu gehören beispielsweise die systematische Inspektion sowie die Identifizierung und Reduzierung von eingetretenen Störungen. (vgl. Wang et al., 2006, S. 151-152)

Im Gegensatz zur präventiven Instandhaltung überwacht PdM die aktuellen Zustände und erkennt durch digitale Techniken und Analysemodelle komplexe Zusammenhänge, aus denen Rückschlüsse auf erzeugbare Produktqualitäten und

Produktmengen sowie Vorhersagen für voraussichtliche Ausfälle gezogen werden. (vgl. Last, Sinaiski, 2011, S. 246)

Die Instandhaltung erfolgt nach der Erfassung, Analyse und Bewertung der Zustände und Zusammenhänge der Maschinen, Anlagen und Komponenten und wird nur dann durchgeführt, wenn es tatsächlich erforderlich ist. PdM verfolgt das Ziel, möglichen Leerlauf oder Schäden festzustellen, Ausfallwahrscheinlichkeiten vorherzusagen und die Instandhaltungsarbeiten vor den eintretenden Ausfällen durchzuführen. (vgl. Schmidt, Wang, 2016, S. 1-2)

Bei der Umsetzung der PdM-Strategie werden Messwerte erfasst und anhand von mathematischen Algorithmen Prognosen für voraussichtliche Ausfälle ermittelt. Die Parameter für die Optimierung der Lebensdauer von Maschinen und Prozessen werden gemessen, wobei Technologien zur Fehlerdiagnose und Wartungsoptimierung eingesetzt werden. (vgl. Wang et al., 2015, S. 97-98)

Die folgende Abbildung 4 zeigt die Unterteilung der Instandhaltung in korrektive Instandhaltung, präventive Instandhaltung und vorausschauende Instandhaltung.

Abb. 4: Eingliederung von Predictive Maintenance (PdM)

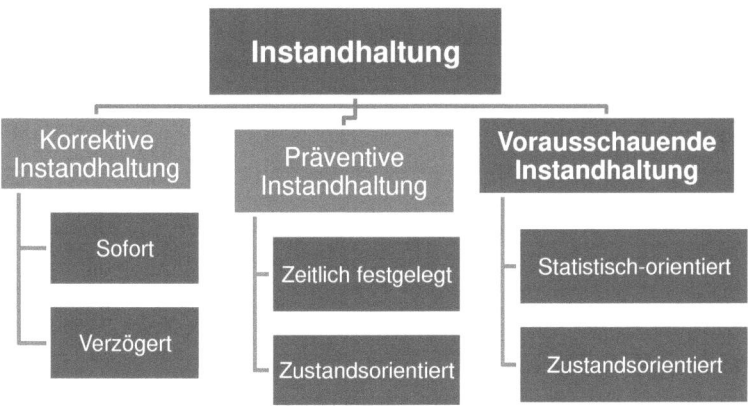

Quelle: Eigene Darstellung

PdM wird in „statisch-orientierte Instandhaltung" und „zustandsorientierte Instandhaltung" untergegliedert. Bei der statistisch-orientierten Instandhaltung werden auf Basis der erfassten Daten Analysen für Prognosen gezogen. Dabei werden die Kennzahlen erfasst und nach den Häufigkeiten visualisiert. Für einen hohen Informationsgehalt ist die Einführung von zusätzlichen Dimensionen erforderlich (vgl. Verlag moderne industrie GmbH, 2017).

Parallel zur Festlegung von Wartungsintervallen beschäftigt sich die zustandsorientierte Instandhaltung mit den Zuständen und künftigen Verhalten von Maschinen, Anlagen und Komponenten, welche Aktivitäten für die Instandhaltung auslösen. (vgl. Herterich et al., 2015, S. 9)

3. Herausforderungen in der IT-Betriebsführung

Die IT-Betriebsführung liefert mit seinem Personal die IT-Services, welche die Geschäftsprozesse des Kunden unterstützen. Die Geschäftsprozesse greifen auf die Applikationen zu, die einen Teil eines IT-Systems darstellen. Die Applikationen und IT-Systeme können gemeinsam mit einer Software eingerichtet werden. (vgl. Pfitzinger, Jestädt, 2016, S. 6)

Abb. 5: Aufbau Geschäftsprozess

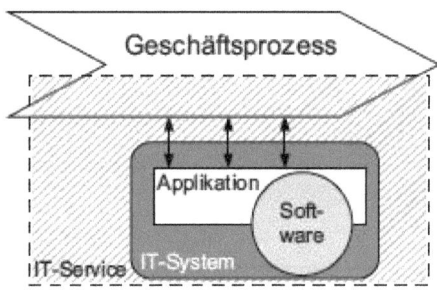

Quelle: Pfitzinger, Jestädt, 2016, S. 6

Die obere Abbildung 5 zeigt, dass die IT-Betriebsführung für den reibungslosen Betrieb der Applikationen und IT-Systeme verantwortlich ist. Zu den Applikationen zählen beispielsweise Web-Applikationen, Betriebssysteme und Datenbanken. Bei den Systemen handelt es sich um Server und Clients. Zu den Komponenten gehören unter anderem Router, Firewalls, Switches, Gateways und Videokameras (vgl. Beck, 2014, S. 752). Auch die betrieblichen Tools und Komponenten, die den Betrieb unterstützen, gehören zum Verantwortungsbereich der IT-Betriebsführung. Dazu gehören Tools für die Unterstützung von Workflows, Sicherung und Wiederherstellung als auch das System für die unterbrechungsfreie Stromversorgung (USV). (vgl. Pfitzinger, Jestädt, 2016, S. 306)

Die Instandhaltung zählt zu den wichtigsten Tätigkeiten in der IT-Betriebsführung, bleibt aber jedoch dem Kunden verborgen und ist erforderlich, damit die Services einwandfrei funktionieren (vgl. Pfitzinger, Jestädt, 2016, S. 305 ff.). Eine dauerhafte und einwandfreie IT setzt voraus, dass eine regelmäßige und fachgerechte Instandhaltung und Wartung durchgeführt wird. Es umfasst die Tätigkeiten wie die Fehleranalyse, Entstörung, Prüfung der Hardware- und Software-Funktionalität, das Einspielen von Patches, Fixes und Aktualisierungen (vgl. Sieder et al., 2013, S. 99).

Der IT-Betrieb beinhaltet alle Tätigkeiten zum störungsfreien und reibungslosen Betrieb von Applikationen, Systemen und Komponenten. Bei einem Ausfall trägt der IT-Betrieb die Verantwortung, die Verfügbarkeit der Services so schnell wie möglich wiederherzustellen. (vgl. Sieder et al., 2013, S. 103)

Für eine einwandfreie IT-Betriebsführung ist eine strikte Planung, Steuerung und Kontrolle erforderlich. Heute sind IT-Umgebungen komplexer denn je. Es werden diverse Arten von Systemen, Komponenten und Applikationen betrieben, welche aufgrund der Heterogenität die Herausforderungen an die Betriebsführung erhöhen. Die Sicherheit, Stabilität und Kontinuität haben im IT-Betrieb höchste Priorität. Für den IT-Betrieb ist es wichtig, eine hohe Verfügbarkeit zu gewährleisten. (vgl. Disterer, 2011, S. 50)

4. Einsatz von Predictive Maintenance im Incident Management

4.1 Ursachen von Incidents

Das Incident Management nimmt im IT-Betrieb verschiedene Arten von Incidents auf. Diese werden in Hardware, Software, Drucker und IT Management unterteilt. (vgl. Cadavieco et al., 2012, S. 288)

Zu den Gründen von eintretenden Incidents gehören:

- Störung der IT-Systeme und Komponenten (Hard- und Software)

- Datenverlust

- Sicherheitslücke (Risiko für Angriffe mit Trojaner, Virus oder Wurm)

- Externe Angriffe auf die IT-Infrastruktur

- Verstoß gegen IT-Sicherheitsrichtlinien

- Betriebsrelevante Ausfälle durch interne und externe Ursachen/Einflüsse

(vgl. Grobauer et al., 2016, S. 19-20)

Die am häufigsten eintretenden Incidents werden in die folgenden Kategorien unterteilt:

- Software, Wartung und Programminstallation, 61 bis 63 Prozent

- Hardware- und Komponentenausfälle, 18 bis 19 Prozent

- Netzwerkprobleme, 3 Prozent

(vgl. Cadavieco et al., 2012, S. 287)

4.2 Einsatz von PdM bei Software

Mit PdM können die Zustände von Updates sowie Software- und Firmware-Versionen auf den Systemen und Komponenten vorausschauend überprüft und im Rahmen von Wartungsfenstern automatisiert auf den aktuellen Stand gebracht werden, so dass die Sicherheitslücken im Voraus entdeckt und behoben werden können. Veraltete Software- und Firmware-Versionen erhöhen die Wahrscheinlichkeit von Störungen und Ausfällen sowie die Anzahl von eintretenden Incidents. Mit der zunehmenden Vernetzung und dem verstärkten Einsatz von Hard- und Software steigt die Anzahl von neuen Bedrohungen für IT-Sicherheit und Datenschutz (vgl. Krauß, Waidner, 2015, S. 383). Besonders die Virtualisierungstechniken eröffnen neue Sicherheitslücken und Angriffsmöglichkeiten für Häcker (vgl. Baun et al., 2009, S. 205).

Viele Incidents entstehen durch kritische Mängel wie fehlende Updates, veraltete Software und/oder Firmware sowie unsichere Geräte-Konfigurationen. Dadurch entstehen Sicherheitslücken und Angriffsflächen (vgl. Heider, El Khayari, 2012, S. 157). Der Schutz der Integrität von Firmware ist besonders wichtig, weil dies die Grundlage für viele Sicherheitsfunktionen bildet (vgl. Heider, El Khayari, 2012, S. 159). Angreifer können die Schwachstellen ausnutzen und eigene sowie manipulierte Firmware direkt auf die Hardware installieren (vgl. Krauß, Waidner, 2015, S. 387). Über diesem Weg können Angreifer die vollständige Kontrolle über die Systeme und Komponenten erlangen, ohne dass sie vom IT-Betrieb bemerkt werden. Mit der Installation ihrer eigenen Software können sie auch die Sensoren von bestimmten Komponenten nutzen. (vgl. Heise, 2017)

Der US-amerikanische Halbleiterhersteller „Intel" entdeckte zum Beispiel gravierende Sicherheitslücken auf seinen aktuellen Intel-Prozessoren. Daher hat das Unternehmen Intel im September 2017 seinen Kunden empfohlen, die Aktualisierung der Firmware auf den Intel-Prozessoren durchzuführen. (vgl. Notebookcheck, 2017)

4.3 Einsatz von PdM bei Hardware

Auch Hardwareprobleme oder –störungen können mit PdM im Voraus festgestellt und behoben werden. Aufgrund der Skaleneffekte hat das IT-Management den Wunsch, identische Gerätetypen und Hersteller im IT-Betrieb einzusetzen. Diese Standardisierung bietet den Vorteil, dass mit weniger unterschiedlichen Systemen und Komponenten auch weniger Verwaltungsarbeiten anstehen (vgl. Albayrak et al., 2007, S. 34). Die Homogenität reduziert die Komplexität und kann die Beschaffungs- und Wartungskosten senken. (vgl. Computerwoche, 2009)

Die Gefahr bei homogenen IT-Umgebungen ist, dass bei allgemeinen Hardwareproblemen gleichzeitig viele Systeme und Komponenten betroffen sein können. Dies treibt die Anzahl von eintretenden Incidents enorm in die Höhe. In der Vergangenheit haben beispielsweise Hersteller wie Apple, Nvidia Corporation und Hewlett-Packard (HP) allgemeine Probleme ihrer Produkte bekanntgegeben und daher Rückrufaktionen gestartet. Hersteller geben in der Regel allgemein bekannte Hardwareprobleme auf ihren offiziellen Support-Seiten bekannt, welche für die vorausschauende Instandhaltung dienen können.

Das US-amerikanisches Technologieunternehmen Apple hat laut einer Pressemeldung seine Grafikkarten, die in 27 Zoll iMac Desktop-Computer verbaut sind, auf seiner offiziellen Support-Seite zurückgerufen. Betroffen sind die Modelle, die zwischen Mai 2011 und Oktober 2012 gekauft wurden. Laut Apple haben die eingebauten Grafikarten große Probleme mit der Darstellung auf dem Monitor. (vgl. Winfuture, 2013)

Des Weiteren hat auch Apple in seinen 27 Zoll großen iMac-Systemen verbaute 3 TB-Festplatten zurückgerufen und einen kostenfreien Austausch angeboten. Hierbei sind die iMac-Systeme betroffen, die zwischen Dezember 2012 und September 2013, gekauft wurden. Das Unternehmen hat daraufhin aufmerksam gemacht, dass ein Datenverlust nicht auszuschließen ist. (vgl. T-Online, 2015)

Das Unternehmen Hewlett-Packard (HP), einer der größten US-amerikanischen Computer- und Druckerhersteller, hat über 100.000 Batterien mit Bauteilen von Panasonic zurückgerufen, die zwischen 2013 und 2016 verkauft wurden. Dabei sollen zahlreiche Modelle betroffen sein, die eine Überhitzung auslösen und Feuer erzeugen können. (vgl. Chip, 2017)

Nvidia Corporation, einer der größten Entwickler von Grafikprozessoren und Chipsätzen für Personal Computer und Spielkonsolen, hat seine ausgelieferten Eurostecker-Adapter von Android-Geräten, die zwischen Juli 2014 und Juli 2017 verkauft wurden, zurückgerufen und einen kostenfreien Austausch angeboten. Laut dem Hersteller können die Eurostecker-Aufsätze auseinanderbrechen und einen Stromschlag erzeugen. (vgl. Golem, 2017)

4.4   Einsatz von PdM bei Logdaten

Logdaten und Netzwerkkommunikation eignen sich besonders zur Anomalie- und Störungserkennung von IT-Infrastrukturen. Sie bilden eine wesentliche Informationsquelle für die Störungsanalyse von IT-Systemen und Komponenten (vgl. Internet-Sicherheit, 2017). Auch Sicherheitslücken und externe Angriffe können aus den Logdaten abgelesen werden. Anhand von Logdaten lassen sich auch ungewöhnliche Muster entdecken, welche Angriffe auf Systeme und Komponenten deuten können. Darüber hinaus lassen sich statistisch-orientierte Auswertungen erstellen, die als Grundlage für die vorausschauende Instandhaltung dienen können.

Das Ereignisprotokoll von Windows ist einer der wichtigsten Informationsquellen für die Fehler- und Störungsanalyse von Betriebssystemen und Softwareanwendungen. Dabei handelt es sich um einen Eventlog mit Systemereignissen, inklusive Datum und Zeit, welcher Fehler ebenso protokolliert wie Warnungen oder Informationen. Alle Windows-Systeme zeichnen im Ereignisprotokoll die Systemereignisse auf. Für die frühzeitige Erkennung von Incidents und Reduzierung von Ausfällen können die einzelnen Ereignisse überwacht werden. Dazu sind in der Regel die "Event ID" und die "Event Source" ausreichend. Die folgende Tabelle 1 zeigt die Struktur von Windows-Ereignissen:

Tab. 1: Inhalt von Windows-Ereignis

Expression	Description
Event Source	Source of the event. Generally used in the criteria of the monitor or rule.
Logname/Channel	Name of the event log such as Application or System.
Logging Computer	Name of the computer logging the event.
Event ID	Number of the event.
Event Category	Category of the event.
Event Level	Severity of the event that uses one of the following values.
	Success (0)
	Error (1)
	Warning (2)
	Information (4)
	Success Audit (8)
	Failure Audit (16)
User	Name of the user account that was used to create the event.
EventDescription	Full event description.
Parameter	Collection of event parameters.

Quelle: In Anlehnung an Technet Microsoft, 2016

Zusätzlich können geeignete Sensoren an diversen Netzübergängen und in den einzelnen Netzen installiert werden, mit dem Ziel, die Probleme und Störungen bei der Netzwerkkommunikation zu reduzieren. Die erfassten Sensordaten können für die weitere Analyse auf zentrale Systeme oder Komponenten gesendet werden. (vgl. Junker, 2015, S. 651)

5. Zusammenfassung und Fazit

Incidents können den Ruf des Unternehmens negativ beeinflussen. Mit zunehmenden Incidents werden Verbesserungen in der IT behindert. Unternehmen investieren für die nachträgliche Feststellung und Untersuchung von Incidents mit durchschnittlich 5.81 Stunden einen zu hohen Aufwand. (vgl. Infopoint-Security, 2017)

Für die Gewährleistung einer hohen Verfügbarkeit in der IT-Betriebsführung ist es erforderlich, die Anzahl der Incidents zu senken. Die Reduzierung von Incidents minimiert die Ausfälle, verhindert einen Mehrbedarf an personellen Ressourcen und senkt die Kosten. Dies führt dazu, dass eingesetzte Mitarbeiter neue Aufgaben übernehmen und die Produktivität im Unternehmen erhöhen können. (vgl. Buhl, 2008, S. 43-44)

Um die Anzahl von Incidents in der IT-Betriebsführung zu reduzieren, müssen herstellerübergreifenden Standards für Prozesse, Methoden und Maßnahmen etabliert werden (vgl. Krauß, Waidner, 2015, S. 387). Hier kann Predictive Maintenance (PdM) eine entscheidende Rolle spielen und die Anzahl von eintreffenden Incidents reduzieren. Zu den wesentlichen Zielen von PdM gehören, Störungen im Voraus erkennen und die Ausfallzeiten zu vermeiden. Zudem ermöglicht es die Wartungseinsätze besser zu planen und die Tätigkeiten sowie die Kosten für die Instandhaltung zu reduzieren. Im IT-Betrieb können die Zustandsdaten von Software- und Firmware-Versionen sowie der Logdaten- und Netzwerkkommunikation auf den Systemen und Komponenten als wichtige Informationsquellen für die vorausschauende Instandhaltung hergezogen werden. Außerdem können auch Informationen von Herstellern und Anbietern dazu dienen, möglichst viele Hardware-Störungen im Voraus zu erkennen und zu beheben.

Im Allgemeinen kann festgehalten werden, dass PdM in der Instandhaltung die Wirtschaftlichkeit und Produktivität sowie die Qualität von Produkten und Dienstleistungen steigert und Innovationen fördert (vgl. Herterich et al., 2015, S. 4). Laut einer aktuellen Untersuchung können durch PdM die Wartungskosten um fast 30 Prozent und die ungeplanten Stillstände um 70 Prozent minimiert werden (vgl. Accenture, 2016).

Die vorausschauende Instandhaltung mit PdM bringt auch einige Nachteile mit sich. Für die Umsetzung sind Kompetenzen und Ressourcen erforderlich. Denn die Zustände müssen überwacht und die erfassten Sensordaten analysiert werden.

Durch die Digitalisierung wird zukünftig die Menge an Daten zunehmen, welches dazu führen wird, dass die Einsatzmöglichkeiten und Chancen von PdM zunehmen werden. Bis zum Jahr 2020 sollen 86 Prozent der Unternehmen intelligente Automatisierungsprozesse einsetzen. In Zukunft können Automatisierungsprozesse im Bereich Incident Management komplett von Maschinen übernommen werden. (vgl. Businessheute, 2017)

Der Erfolg von PdM im IM ist jedoch davon abhängig, wie gut vorhandene Daten auf den Systemen und Komponenten als auch Informationen von Anbietern und Herstellern in die Instandhaltung integriert und Prognosen für voraussichtliche Ausfälle ermittelt werden. (vgl. Wehle, Dietel, 2015, S. 211)

Literaturverzeichnis

Monographien, Sammelwerke und Zeitschriftenaufsätze

Albayrak, Can Adam; Gadatsch, Andreas; Olufs, Dirk (2007): IT-Outsourcing im Kontext global tätiger Unternehmen, Springer Fachmedien Wiesbaden, in: HMD Praxis der Wirtschaftsinformatik, Band 44 – Heft 2 (04.2007), S. 27-38

Baun, Christian; Kunze, Marcel; Ludwig, Thomas (2009): Servervirtualisierung, Springer Fachmedien Wiesbaden, in: Datenschutz und Datensicherheit - DuD, Band 32 – Heft 3 (06.2009), S. 197-205

Beck, Alexander (2014): Aufbau eines neuronalen Netzes zur Schwachstelle-naggregation, Springer Fachmedien Wiesbaden, in: Datenschutz und Daten-sicherheit - DuD, Band 38 – Heft 11 (12.2012), S. 752-756

Buchsein, Ralf; Victor, Frank; Günther, Holger; Machmeier, Volker (2007): IT Management mit ITIL V3, Vieweg & Sohn Verlag, (13.09.2007)

Buhl, Ulrike (2008): ITIL Praxishandbuch – Beispiele und Tipps für die erfol-greiche Prozessoptimierung, Redline GmbH Heidelberg, 2. Auflage (2008)

Cadavieco, Javier Fombona; Pérez, Celestino Rodríguez; Fernández, Carolina Barriada (2012): Information Technology Incident Management: A Case Study of the University of Oviedo and the Faculty of Teacher Training and Education, Springer International Publishing, in: International Journal of Educational Tech-nology in Higher Education, Band 9 – Heft 2 (07.2012), S. 280-295

Cooper H., Hedges L. V., Valentine J. C. (1994): The Handbook of Research Synthesis and Meta-Analysis, Research Synthesis as a Scientific Process, Se-cond Edition Part 1, Russell Sage Foundation, New York, 1994, S. 11-15

Disterer, Georg (2011): ITIL-basierte Inbetriebnahme neuer Anwendungen, Springer Fachmedien Wiesbaden, in: HMD Praxis der Wirtschaftsinformatik, Band 48 – Heft 2 (04.2011), S. 48-57

Disterer, Georg (2009): Zertifizierung der IT nach ISO 20000, SP Gabler Verlag, in: WI – WIRTSCHAFTSINFORMATIK, Band 51 – Heft 6 (12.2009), S. 530-534

Fettke, Peter (2006): State-of-the-Art des State-of-the-Art, Eine Untersuchung der Forschungsmethode „Review" innerhalb der Wirtschaftsinformatik, in: Wirtschaftsinformatik 48 (2006) 4, S. 257–266

Gross, Jürgen (2008): Best Practice im wertorientierten IT-Servicemanagement — zwei Frameworks im Vergleich, Springer Fachmedien Wiesbaden, in: HMD Praxis der Wirtschaftsinformatik, Band 45 – Heft 6 (12.2008), S. 38-47

Grobauer, Bernd; Kossakowski, Klaus-Peter; Schreck, Thomas (2016): Klassifikation von IT-Sicherheitsvorfällen, Springer Fachmedien Wiesbaden, in: Datenschutz und Datensicherheit - DuD, Band 40 – Heft 1 (01.2016), S. 17-21

Heider, Jens; El Khayari, Rachid (2012): Geht ihr Smartphone fremd?, Vieweg+Teubner - GWV Fachverlage GmbH, in: Datenschutz und Datensicherheit - DuD, Band 36 – Heft 3 (03.2012), S. 155-160

Helbing, K. W.; Mund, Horst; Reichel, Martin (2010): Handbuch Fabrikprojektierung, Heidelberg: Springer-Verlag Berlin Heidelberg, 2010, S. 983-984

Hochstein, Axel; Zarnekow, Rüdiger; Brenner, Walter (2004): ITIL als Common-Practice-Referenzmodell für das IT-Service-Management — Formale Beurteilung und Implikationen für die Praxis, Springer Fachmedien Wiesbaden GmbH, in: WI – WIRTSCHAFTSINFORMATIK, Band 46 – Heft 5 (12.2009), S. 382-389

Herterich, Matthias; Uebernickel, Falk; Brenner, Walter (2015): Nutzenpotentiale cyber-physischer Systeme für industrielle Dienstleistungen 4.0, Wiesbaden: Springer Fachmedien, in: HMD Praxis der Wirtschaftsinformatik, Band 52 - Heft 5 (24.07.2015), S. 1-14

Junker, Holger (2015): IT-Sicherheit für Industrie 4.0 und IoT - Aktuelle Bedrohungslage und Herausforderungen der Smart Factory, Springer Fachmedien Wiesbaden, in: Datenschutz und Datensicherheit - DuD, Band 39 – Heft 10 (09.2015), S. 647-651

Koch, A. Frank (2007): IT-Projektrecht - Vertragliche Gestaltung und Steuerung von IT-Projekten, Best Practices, Haftung der Geschäftsleitung, Springer-Verlag Berlin Heidelberg, (2007), S. 240-246

Kornmeier, Martin (2013): Wissenschaftlich schreiben leicht gemacht, 6. Auflage, Bern: Haupt Verlag Bern, 2013, S. 82-90

Krauß, Christoph; Waidner, Michael (2015): IT-Sicherheit und Datenschutz im vernetzten Fahrzeug, Springer Fachmedien Wiesbaden, in: Datenschutz und Datensicherheit - DuD, Band 39 – Heft 6 (05.2015), S. 383-387

Lasi, Heiner; Kemper, Hans-Georg; Fettke, Peter; Feld, Thomas; Hoffmann, Michael (2014): Industry 4.0, Wiesbaden: Springer Fachmedien Wiesbaden, in: Business & Information Systems Engineering, Ausgabe 04.2014 (19.06.2014), S. 239-242

Last, Mark; Sinaiski, Alla; Subramania, Siva Halasya (2011): Condition-based Maintenance with Multi-Target Classification Models, Ohmsha, Ltd. and Springer, in: New Generation Computing, 29 (31.03.2011), S. 245-247

Pfitzinger, Bernd Dr.; Jestädt, Thomas Dr. (2016): Management und Betrieb der IT in Unternehmen, Heidelberg: Springer-Verlag Berlin (2016), S. 2-600

Pröhl, Thorsten; Repschläger, Jonas; Erek, Koray; Zarnekow, Rüdiger (2012): IT-Servicemanagement im Cloud Computing, Springer Fachmedien Wiesbaden, in: HMD Praxis der Wirtschaftsinformatik, Band 49 – Heft 6 (12.2012), S. 6-14

Schmietendorf, Andreas (2007): IT-Management serviceorientierter Architekturen, Springer Fachmedien Wiesbaden, in: HMD Praxis der Wirtschaftsinformatik, Band 44 – Heft 1 (02.2007), S. 74-83

Schmidt, Bernard; Wang, Lihui (2016): Cloud-enhanced predictive maintenance, Springer-Verlag London, in: The International Journal of Advanced Manufacturing Technology, 2016, S. 1-2

Sieder, Markus; Knahl, Martin; Hoffmann, Jürgen (2013): Globale Supportkonzepte für den kontinuierlichen Betrieb heterogener Systemlandschaften, Wiesbaden: Springer Vieweg, in: HMD - Praxis der Wirtschaftsinformatik, Band 50 (03.2013), S. 95-103

Steinbeck, Frank (2008): Stabiler IT-Betrieb durch Geschäftsprozessüberwachung, Springer Fachmedien Wiesbaden, in: HMD Praxis der Wirtschaftsinformatik, Band 45 – Heft 6 (12.2008), S. 82-92

Stein, Fabian; Schneider, Stephan; Sunyaev, Ali (2012): ITIL als Grundlage zur Zertifizierung von Cloud-Services und -Anbietern, Springer Fachmedien Wiesbaden, in: HMD Praxis der Wirtschaftsinformatik, Band 49 – Heft 6 (12.2012), S. 33-41

Strunz, Matthias (2012): Instandhaltung – Grundlagen, Strategien, Werkstätten, Heidelberg: Springer-Verlag Berlin Heidelberg, 2012, S. 1-91

Wang, Ke-Sheng; Li, Zhe; Braaten, Jorgen; Yu, Quan (2015): Interpretation and compensation of backlash error data in machine centers for intelligent predictive maintenance using ANNs, Shanghai University and Springer-Verlag Berlin Heidelberg, in: The International Journal of Advanced Manufacturing, 3:97–104 (14.05.2015), S. 97-104

Wang, Ling; Chu, Jian; Wu, Jun; (2006): Selection of optimum maintenance strategies based on a fuzzy analytic hierarchy process, Wiesbaden: Springer Fachmedien Wiesbaden, in: International Journal of Production Economics, 107 (28.11.2006), S. 151-152

Wehle, Hans-Dieter; Dietel, Matthias (2015): Industrie 4.0 –Lösung zur Optimierungvon Instandhaltungsprozessen, Heidelberg: Springer-Verlag Berlin Heidelberg, in: Informatik-Spektrum, Band 38 - Heft 3 (06.2015), S. 211-216

Internetquellen

Accenture (2016): Accenture to create Apps on Siemens MindSphere for Industrial Companies (06.10.2016), https://newsroom.accenture.com/news/accenture-to-create-apps-on-siemens-mindsphere-for-industrial-companies.htm, (Zugriff 18.11.2017, 22:25 MEZ)

Businessheute (2017): Mehr Effizienz durch automatisierte Unternehmensprozesse Künstliche Intelligenz: Pflicht oder Kür, (14.12.2017), https://www.businessheute.de/internet-of-things/mehr-effizienz-durch-automatisierte-unternehmensprozesse, (Zugriff 28.12.2017, 11:03 MEZ)

BSI (2005): Bundesamt für Sicherheit in der Informationstechnik: ITIL und Informationssicherheit - Möglichkeiten und Chancen des Zusammenwirkens von IT Sicherheit und IT-Service-Management, Bonn, (2005), https://www.exin.com/assets/exin/frameworks/108/whitepaper/ITIL_flyer_EN.pdf, (Zugriff 18.11.2017, 07:33 MEZ)

Capgemini (2016): IT-Budgets 2017: Wer bezahlt die Innovation?, (09.12.2016), https://www.capgemini.com/de-de/2016/12/it_trends_2017_budgets/, (Zugriff 17.12.2017, 17:56 MEZ)

Chip (2017): Wegen Feuergefahr: Bekannter Hersteller ruft Notebook-Akkus zurück, (25.01.2017), http://www.chip.de/news/Wegen-Feuergefahr-Bekannter-Hersteller-ruft-Notebook-Akkus-zurueck_107902445.html, (Zugriff 29.11.2017, 08:16 MEZ)

Computerwoche (2009): Nutzen und Vorzüge von Blade-Servern, (26.01.2009), http://www.computerwoche.de/a/nutzen-und-vorzuege-von-blade-servern,1885043,3, (Zugriff 21.12.2017, 19:49 MEZ)

Computerwoche (2015): Grundlagen, Definitionen und Lösungen zur Hochverfügbarkeit - IT ganz ohne Ausfälle, (27.01.2015), http://www.computerwoche.de/a/it-ganz-ohne-ausfaelle,3092390, (Zugriff 16.12.2017, 09:23 MEZ)

Golem (2017): Nvidia ruft Netzstecker zurück, (09.08.2017), http://www.golem.de/news/shield-geraete-nvidia-ruft-netzstecker-zurueck-1708-129390.html, (Zugriff 22.11.2017, 10:51 MEZ)

Heise (2017): 34C3: Vernetzter Staubsauger-Roboter aus China gehackt, (28.12.2017), http://www.heise.de/newsticker/meldung/34C3-Vernetzter-Staubsauger-Roboter-aus-China-gehackt-3928360.html, (Zugriff 16.12.2017, 15:11 MEZ)

IT-Processmaps (2017): History of ITIL, (2017), http://wiki.en.it-processmaps.com/index.php/History_of_ITIL, (Zugriff 09.12.2017, 19:42 MEZ)

Infopoint-Security (2017): Unternehmen müssen zu viele kritische IT Incidents im Monat bewältigen, (15.11.2017), http://www.infopoint-security.de/unternehmen-muessen-zu-viele-kritische-it-incidents-im-monat-bewaeltigen/a13351/, (Zugriff 12.12.2017, 13:11 MEZ)

Instandhaltung (2017): IT in der Instandhaltung, (2017), http://www.instandhaltung.de/it-in-der-instandhaltung/, (Zugriff 16.12.2017, 11:33 MEZ)

Internet-Sicherheit (2017): Logdaten-Analyse-System, (2017), http://www.internet-sicherheit.de/forschung/internet-fruehwarnsysteme/logdaten-analyse-system.html, (Zugriff 07.12.2017, 13:11 MEZ)

Notebookcheck (2017): Intel-CPU-Sicherheitslücken: Hersteller rät zum Firmware-Update, (22.11.2017), http://www.notebookcheck.com/Intel-CPU-Sicherheitsluecken-Hersteller-raet-zum-Firmware-Update.264364.0.html, (Zugriff 09.12.2017, 12:55 MEZ)

PCWelt (2016): 10 Irrtümer beim Thema Hochverfügbarkeit, (2016), http://www.pcwelt.de/ratgeber/IT-Services-0-Irrtuemer-beim-Thema-Hochverfuegbarkeit-1007738.html, (Zugriff 20.12.2017, 12:24 MEZ)

Technet Microsoft (2016): Windows Events, (13.05.2016), https://technet.microsoft.com/en-gb/library/hh457559(v=sc.12).aspx, (Zugriff 29.12.2017, 19:42 MEZ)

T-Online (2015): Apple ruft iMac-Festplatten zurück, (22.06.2015), http://www.t-online.de/digital/hardware/id_74450340/rueckruf-apple-ruft-imac-festplatten-zurueck.html, (Zugriff 21.12.2017, 17:35 MEZ)

Verlag moderne industrie GmbH (2017): Predictive Maintenance für die IT, (2017), http://www.instandhaltung.de/predicitve-maintenance-fuer-die-it/, (Zugriff 09.06.2017, 15:37 MEZ)

Winfuture (2013): Apple ruft defekte AMD-Grafikkarten zurück, (19.08.2013), http://winfuture.de/news,77507.html, (Zugriff 21.12.2017, 11:28 MEZ)